Le Parti Conservateur

Ce qu'il devrait être

PAR

Xavier REYNAUD

MARSEILLE
Imprimerie Provençale J. GUIRAUD & Cie
7, Quai du Canal, 7
1904

Le Parti Conservateur

Ce qu'il devrait être

PAR

Xavier REYNAUD

LE PARTI CONSERVATEUR

Ce qu'il devrait être

La République parlementaire en est à sa fin et si ce n'était l'inertie des partis de l'opposition, il y a longtemps que le ministère Combes, et Loubet avec lui auraient vécu.

Certains d'entre nous se pénètrent si bien de ce moment d'extrême décadence politique, qu'ils discutent déjà par quoi l'on remplacera le régime actuel.

M. Paul de Cassagnac reste naturellement fidèle à la monarchie impériale ; M. Lasies et d'autres ont des préférences marquées pour l'empire plébiscitaire; tel chef en est pour la royauté héréditaire avec le duc d'Orléans ; tels autres pour les doctrines diverses que préconise toute la série des orateurs et des écrivains nationalistes tels que : Déroulède, Drumont, Rochefort, Jules Lemaitre, Maurice Barrès, Syveton, Congy, etc., etc.

Tous sans exception y compris Rochefort, sont dans la forme qui constitue, à quelques variantes près, le Parti Conservateur.

En effet, quel est le rève politique de chacun? Que la République parlementaire disparaisse à brève échéance! Cette échéance ne sera brève, que si tous ceux qui forment le Grand Parti Conservateur savent s'entendre sur la valeur des mots et capituler sur quelques points de leur programme respectif.

Par essence l'auteur de ces lignes est royaliste, mais devant les difficultés de l'heure présente il a évolué, car dans un siècle comme le nôtre, fait d'appétits et non de convictions, il considère l'hérédité un peu comme un mythe.

Montons à l'assaut de la République parlementaire et marchons avec celui qui, plus fort que les autres, nous en débarrassera, que ce soit Victor, Orléans, Marchand, ou même le premier ouvrier venu.

Conséquemment le Parti Conservateur devrait être, tout ce qui n'est pas du bloc de gauche, afin que ce bloc d'opposition soit français, honnête, tolérant, pacifique, pratique.

Son programme entièrement libéral donnera satisfaction à tous les esprits avides de lumière, à tous ceux qui veulent ardemment la paix et la sécurité auxquelles ils ont droit de prétendre.

Nous avons plus de mille despotes, nous n'en voulons qu'un, qui soit avant tout un administrateur responsable, qui fasse de la bonne besogne et non un gouvernement impersonnel comme la République parlementaire.

Nous désirons faire de l'économie politique et non de la politique.

Nous sommes partisans de toutes les libertés ; c'est pour cela que nous laissons de côté les questions de religion.

Le programme du Parti Conservateur doit tenir tout entier dans ces quatre lignes :

1° Liberté pour tous.

2° Egalité sans passe-droit dans la société réorganisée.

3° Paix avec l'étranger, mais sans faiblesse dans le maintien de nos droits.

4° Lois protectrices en faveur de l'Industrie, du Commerce et de l'Agriculture, lois sociales pour les ouvriers et les déshérités quels qu'ils soient.

Sera-t-il difficile avec un pareil programme de faire l'union de ceux qui ne veulent pas de Révolution mais des évolutions ?

N'importe, il faut combattre quand même; si la tâche est lourde, il faut mettre que plus d'apreté dans la lutte.

Le moment est trop décisif et solennel pour se rebuter ; si l'on doit succomber dans cette faillite du bon sens qui nous étreint de toutes parts, les Conservateurs auront du moins marqué les coups avec la satisfaction du devoir accompli.

Mais il ne faut pas désespérer dans cette bataille engagée entre le droit et la force, entre la vérité et le mensonge, entre le patriotisme et l'internationalisme : ce sera sûrement le triomphe complet du droit, de la vérité et du patriotisme, c'est-à-dire le triomphe de trois vertus éminemment françaises.

C'est pour cela que notre étonnement est grand devant l'engoûment des masses qui osent encore se dire républicaines, malgré les attentats qui se commettent tous les jours contre la liberté au nom de la République.

En effet peut-on citer un empereur ou un roi, qui, en quinze siècles, et plus de royauté ou d'impérialisme ait été aussi tyran que Combes ou Loubet ? Assurément non ! on chercherait en vain dans toute l'histoire de France.

Il faut bien se pénétrer de cette idée que le mot de républicain ne veut plus dire grand chose, seulement en France on ne vit que de mots et on a surtout peur des mots.

Pourquoi ? parce qu'il y en a très peu qui *savent* et les moutons de Panurge sont légions, à ce point que si l'on posait brutalement à un "pur" cette question : Pourquoi êtes-vous républicain ? il serait gêné pour vous répondre, et vous dirait probablement qu'il est républicain pour ne pas être avec les curés.

Que l'on fasse un rapprochement entre la France immédiatement avant la prise de la Bastille et la France de 1904, et vous apprendrez en commentant l'histoire à connaitre les gouvernements.

Le peuple jouissait sous le règne de Louis XVI d'une liberté à laquelle les proscripteurs actuels ne nous ont pas habitués. Il ne faut pas perdre de vue que l'esclavage et les privilèges des puissants de l'époque furent abolis par ce monarque, qui donna en outre la liberté à la presse, rendit aux protestants leur état-civil et laissa à chacun le libre exercice de son culte.

Dans toute la nation régnait un bien-être réel, nous en trouvons la justification dans les archives d'une commune que nous visitions dernièrement.

Si nous établissons un parallèle du bilan de cette commune, aux deux époques, nous constaterons quelle n'est nullement en progrès et que nous nous acheminons vers une décadence certaine.

En 1789, cette localité, comme toutes les autres du reste, avait un hôpital pour les malades, aujourd'hui il n'y en a plus !

La commune faisait une pension aux filles à marier ; aujourd'hui, la pension est abolie !

Elle avait une provision de blé à céder à crédit aux pauvres : aujourd'hui, il n'y a ni blé, ni crédit.

Elle possédait deux moulins : l'un à blé, l'autre à huile ; aujourd'hui, il n'y a ni l'un ni l'autre !

Le pain se vendait 10 centimes le kilogramme; la viande de 8 à 10 sous ; le vin 5 centimes le péchier !

Ajoutez à celà qu'il n'y avait pas d'exercices militaires.

Si nous multiplions nos citations et que nous parlions de la moralité publique d'alors on trouvera que les temps sont joliment changés !

En effet on relève un enfant naturel et deux vols de 1556 à 1789, tandis qu'il y a eu quatre bâtards et trois vols avec effraction de 1866 à 1874 !

Les impôts étaient d'un pour cent, aujourd'hui ils sont de vingt-quatre pour cent !

Que faut-il penser de ces socialistes, falsificateurs d'histoires qui ont toujours plein la bouche des gens taillables et corvéables à merci, en parlant du peuple du XVIIIe siècle et d'avant.

Il faut être crétinisé jusqu'à la moelle, n'y voir qu'avec les lumières de tous ces abominables farceurs, pour oser nier que nous sommes plus corvéables que jamais.

Vous ! un peuple libre, sans dîmes, ni gabelle allons donc ! vous voulez rire ; rien chez vous ne vous appartient en propre, car la main de l'Etat s'y manifeste partout.

Le vin que vous buvez paye l'impôt, l'enseigne que vous mettez à votre porte, le métier qui vous nourrit, le chien qui vous garde, la charette qui vous traîne, la bicyclette qui vous amuse.

De tous côtés l'Etat vous demande des comptes et taxe à tort et à travers vos objets, vos aliments et jusqu'au toit qui vous abrite alors même qu'il ne vous appartient pas.

Ah ! oui, vous parlez à tout propos d'ancien régime, d'esclaves, de seigneurs. Etes-vous sûrs de ne pas être les esclaves de quelqu'un ? Non ! assurément, car les seigneurs pullulent sous une autre forme et ce sont eux qui vous mènent.

Regardez bien autour de vous ! observez ! et vous verrez que de partout des bastilles se dressent; alors peut-être, vous comprendrez que franchement il ne valait pas la peine de s'emparer de l'autre pour aboutir à un aussi piteux, à un aussi lamentable résultat.

Voilà ce que les Conservateurs doivent dire, non seulement aux prétendus intellectuels, mais encore aux ouvriers, les éternels trompés. C'est à ces derniers qu'il faut s'adresser surtout car ce sont les plus intéressants et ils sont l'avenir.

Mais pour être entendu d'eux, il faut résolument abandonner les questions religieuses, car il est une vérité incontestable que, si le Parti Conserservateur reste politiquement lié au dogme, nous courrons le risque de garder encore longtemps un gouvernement qui est sur le point de sombrer.

Certes en écrivant ces lignes, et c'est la partie la plus délicate de notre tâche, nous savons par avance que nous allons rencontrer chez certains de nos amis une réelle opposition, opposition d'autant plus sérieuse qu'elle est le juste corollaire du heurt de leurs principes avec nos principes de récente évolution.

Cette évolution, c'est la logique du moment qui en est cause. Effectivement, la royauté, l'empire, le césarisme, l'autocrate quel qu'il soit devant succéder à la République actuelle ne sera qu'un gouvernement libéral.

La monarchie qui viendra, si c'est la monarchie : royale ou impériale, sera moderne à coup sûr, ses vieilles attaches avec le dogme disparaitront, c'est uniquement parce que nous voulons faciliter la marche des évènements que nous laissons au peuple le discernement le plus complet en matière de religion.

A ceux qui nous incrimineraient par hasard, nous faisons un pressant appel à leur bonne foi, et si nos termes les choquaient parfois, qu'ils n'y voient aucune atteinte portée à leur conviction, ils mettront notre manière de nous exprimer sur le compte des obligations du moment, où les mots doivent vibrer bien fort, alors qu'ils sont les prémices de moyens plus violents.

Ajoutons en outre, qu'avec eux nous croyons aux beautés morales et matérielles des religions, mais des religions quelles qu'elles soient, pourvu qu'elles enseignent les vertus et les moyens de les pratiquer.

Pour les religions la liberté doit être absolue, chacun doit pouvoir professer le culte de ses pères, violer ce droit est un attentat contre l'humanité.

Sans religions, il n'y a pas de morale possible; pour frapper l'esprit des faibles et peut-être aussi celui des forts, il faut recourir à des images qui ne tombent pas immédiatement sous les sens, il faut un inconnu immatériel ; on ne moralise pas un peuple au nom d'un roi, d'un empereur ou d'une république, on se moque des lois humaines et du gendarme, on a peur quoique l'on dise, de l'au delà.

Nous ne parlerons pas des religions au point de vue des arts, cela nous entrainerait trop loin, mais là aussi leur action est manifestement bienfaisante, Raphaël et les maitres de toutes les écoles, leur doivent leurs plus heureuses, leurs plus géniales inspirations.

Cette déclaration faite pour bien démontrer que nous ne sommes pas matérialiste, nous met à l'aise pour répéter à nos amis, que l'on doit séparer impitoyablement la question religieuse de la question politique.

Les questions religieuses sont des questions irritantes au premier chef ; ce sont choses que l'on devrait taire et c'est d'elles qu'on parle le plus. Demain que l'on fasse silence autour des religions et le Parti Conservateur grandira d'une manière inusitée.

Prenez cette peine de la réflexion et vous verrez que l'on donne un aliment de combat aux républicains qui, conscients de ne pouvoir faire d'utiles réformes, ne demandent pas mieux que de servir le même plat, le plat du péril clérical.

Lors de l'élection Brisson, nous assistions à l'une des conférences de cet intègre réputé et joyeux croquemort ; ce ne fut qu'un sermon laïque du commencement à la fin ; dans un laps de temps très court, il dut manger trois cents curés au moins, une bonne douzaine d'évêques, deux ou trois cardinaux, mais de questions économiques point, de questions ouvrières, encore moins si possible.

Il est indiscutable que les républicains ne pourraient nous combattre avec leurs théories politiques s'ils n'avaient pas avec eux cette arme magnifique, pardonnez-nous-en l'expression, qu'est la calotte.

Que l'on aborde leurs tribunes, que l'on discute avec eux, alors que vos arguments seront péremptoires, ils feront couvrir votre voix de nombreux : A bas la calotte !

Démontrez-leur que vous n'êtes pas plus calottins qu'eux, tout le succès de votre politique est là.

Un parti monarchique peut s'établir, s'instaurer, sans se reposer sur l'esprit religieux. Certes, autrefois la religion catholique étant la seule force politique de la nation, les rois de France s'en emparèrent naturellement dans l'unique but de se maintenir au pouvoir; aujourd'hui c'est la raison inverse qui la fera délaisser.

Les renaissances succèdent toujours aux décadences; soyez persuadés que l'audacieux qui nous débarrassera de la République parlementaire sera sûrement un homme de progrès. Comme tel, il s'appuiera sur les deux grands leviers modernes qui sont: le parti ouvrier d'un côté, la mutualité de l'autre.

Les religions, elles, seront divisées à l'infini, et le clergé romain actuel presque tout entier républicain, sera en partie cause de cette diffusion.

Ceci posé, occupons nous de la République. On a dit qu'en France la République était un accident cela est un peu vrai; malheureusement l'accident se prolonge par trop. Il est certain que rien de stable ne peut se créer avec le principe républicain, en France, moins que partout ailleurs. Nous n'irons pas chercher des exemples dans l'histoire des républiques de l'antiquité, ni dans celle des républiques plus rapprochées de nous, mais prenons celle que nous subissons à l'heure actuelle et dites ce qu'elle a fait ?

A coup sûr rien de bon, mais le mal est incalculable.

Nos finances dilapidées, avec une dette flottante qui se chiffrera par un milliard avant la fin de l'année, de l'aveu même des financiers du bloc.

Notre armée diminuée, amoindrie, bafouée, placée entre les mains des pires ennemis de la France et qui nous auraient déjà vendus si l'alliance avec la Russie n'était pas survenue à temps.

Notre marine nous ne la citerons que pour mémoire, vous savez ce qu'en a fait et ce qu'en fait tous les jours Pelletan, l'homme des grandes désorganisations.

Notre dignité nationale foulée aux pieds, désagrégée par des gens qui nous parlent encore de Sedan, alors qu'ils reviennent à peine de Fachoda et d'ailleurs.

Pour un simple geste d'insulte fait à notre représentant sur le sol africain, Charles X s'empara de l'Algérie. Que fait-on à cette heure! on se prosterne devant le conquérant de nos meilleures colonies et le protocole va jusqu'à apprendre à Loubet comme on s'abaisse devant un roi.

Notre liberté! peut-on en parler sans tristesse au nom de cette liberté dont on se réclame tant en république, on a coupé la France en deux : on veut tout pour les uns et rien pour les autres; on ne veut pas de calottes et l'on veut nous imposer des équerres et des compas ; on veut laïciser les hôpitaux et ils sont les premiers à se faire soigner par les sœurs; on ne veut plus que nos enfants fassent leur communion et ils la font faire aux leurs ; on ne veut pas de baptêmes et nous connaissons un socialiste un pur celui-là, propriétaire d'une flotte, qui fait baptiser ses bateaux de peur des naufrages, comme si l'être humain quel qu'il soit ne valait pas largement ses bateaux; bref, on jette le Christ hors des écoles, on en bannit le nom afin que nous n'ayons pas ce droit d'élever nos enfants comme nous l'entendons.

Après tous ces méfaits, oser se proclamer ami de la liberté, c'est d'un cynisme que l'intérêt seul ou la bêtise peut excuser.

Et cette constatation nous amène à certaines critiques des hommes qui, plus religieux que nous le sommes, partisans en outre d'un monarque, sont sur le conseil du Pape, entrés résolument dans la République.

Quels regrets cuisants pour eux, aujourd'hui que l'expérience est faite ; ils ont voulu assainir les écuries d'Augias et les écuries d'Augias sont plus sales que jamais.

Ils ont fait fausse route ils doivent en convenir, et pourtant quel merveilleux outil n'avaient-ils pas pour battre en brèche les doctrines républicaines; et cet outil, ce moyen que nous ne cessons de recommander : c'est la séparation des églises avec l'Etat.

Il faut que les Conservateurs fassent silence autour des questions religieuses ; dans les luttes politiques qu'ils livreront désormais il est obligatoire qu'ils les rejettent hardiment et sincèrement de leurs programmes, outre qu'ils donnent des bâtons pour se faire battre, ils incommodent le peuple qui ne les comprend pas et qui ne marchera jamais avec eux dans ces conditions.

Le bon Dieu n'est pas un monopole que nous sachions; que les croyants gardent leur foi, mais qu'ils ne fassent que de la politique dans les luttes politiques. De l'abandon qu'ils feront de l'idée religieuse dépendra le succès final. de la bataille.

Le Gouvernement qui remplacera la République parlementaire, sera incontestablement un gouvernement, qui représentera à coup sûr la dernière formule du progrès et comme tel se reposera sur les deux forces vives de la nation qui sont, comme nous l'indiquions plus haut: le parti ouvrier et la mutualité.

C'est pour ce, que les chefs de file et les remueurs d'idées des différents groupes de l'opposition devraient dresser leurs batteries uniquement de ces côtés. Ils seraient d'accord avec leur siècle et feraient preuve d'un pratique bon sens.

Qu'ils soient persuadés que le peuple marchera avec eux, comme les bouchers de la Villette avec de Pontevés, quand il se battront simplement et rien que pour la liberté.

Le peuple avec son air indifférent ou passionné en a assez de la République parlementaire qui ne lui a donné, depuis plus de trente ans, que le strict nécessaire, ce qu'elle ne pouvait pas lui refuser, assurément moins que ce qu'un gouvernement bien administré aurait pu faire.

Les hésitations que le peuple a de nous suivre viennent des Conservateurs qui n'ont pas encore tracé ce large programme que nous essayons d'élaborer aujourd'hui.

Le peuple se figure, lui, que si le roi ou l'empereur, arrive demain, ce sont les curés qui vont régner, confesser les femmes, capter les héritages, abêtir les enfants.

Il faut détruire ces légendes que la presse et les écrivains anticléricaux ont pris un soin inoui d'échafauder et de propager.

Rappelez au peuple cette parole de Lavisse qui est tout un monument de vérités : « *Toute l'histoire de France, dit-il, est à faire et ne sera faite que lorsque des escouades d'ouvriers auront défriché toutes les parties du champ.* »

Comme celà est juste et vrai; nous en donnons pour preuve, ce parallèle que nous faisions au début de notre brochure entre une commune d'avant 1789 et cette même commune aujourd'hui.

Au roman, opposez l'histoire, mais l'histoire vraie : dites au peuple que la République parlementaire n'est pas possible en France, l'expérience a déjà trop durée ; en effet ; modérée, progressiste, radicale, socialiste qu'a-t-on récolté depuis 1870 ? Ce qu'on a semé : la désunion dans les esprits, la guerre civile dans la rue, l'anarchie dans les finances françaises.

Faites un rapprochement entre le gouvernement modèle de Louis-Philippe et le gouvernement républicain actuel. Au besoin et pour bien démontrer au peuple l'inanité du socialisme, citez-lui la République romaine ; apprenez lui ce qu'étaient les lois agraires, qui paraissaient être l'expression rêvée de la meilleure des républiques, et qu'on appliqua cependant sans aucun profit pour le peuple.

Il sera bon de souligner que le peuple d'il y a deux mille ans et plus, qu'il fut de Rome ou d'Athènes, était exactement le même que celui d'aujourd'hui. Comme lui, il demandait aussi un *maximum* de salaire pour un travail *minima*, mais ce qu'il désirait en réalité, c'était de ne rien faire du tout. Il le prouva bien le jour où un patricien ami du peuple, autant qu'avisé politique, fit voter, au Sénat la participation des biens agraires à la plèbe qui n'en voulut pas.

Elle préféra rester à Rome, où elle se baignait dans les boues du Tibre, le ventre au soleil, quand elle ne discourait pas sur le forum avec les pères conscrits, que d'aller défricher à Anctium, les terres qu'on lui avait concédées.

Dégagez, de cette leçon d'histoire, cette morale, que la République est la négation du travail et que sans travail on ne peut rien.

Aux attaques de nos adversaires, répondez par des attaques, s'ils vous parlent de calottes, apprenez-leur que les jésuites n'eurent pas de pires ennemis que les rois de France et qu'à part une époque ou deux troublées par des guerres de religion, chacun faisait ce que bon lui semblait, au point que les papes d'Avignon donnèrent asile aux Juifs, que de partout l'on traquait comme des bêtes fauves.

A ceux qui vous entretiendront de dragonnades, de Saint-Barthélemy, d'Édit de Nantes, expliquez au peuple que ce furent surtout des manifestations religieuses et rien de plus, la politique resta à peu près étrangère à ces évènements, car les rois savaient par expérience que les guerres religieuses étaient toujours funestes à ceux qui les provoquaient.

Pour se rendre un compte exact de ce qui se passa, lors de la Saint-Barthélemy notamment, pour en établir les responsabilités, il faut en connaître tous les détails et se pénétrer des mœurs de l'époque.

A la cour de Charles IX, qui était encore un enfant, régnait un désarroi complet, par suite des compétitions de Catherine de Médicis, avec l'amiral de Coligny ; il arriva ceci en outre que les gentilshommes catholiques de la garde du roi furent remplacés par des huguenots, qui à peine débarqués de leurs provinces furent d'une insolence intolérable avec les catholiques ; aussi l'aversion de la reine-mère pour l'amiral et le souvenir de la Michelade de Nimes, cette Saint-Barthélemy protestante, servirent de prétexte à ceux qui s'établirent des vengeurs.

Et puis autres temps, autres mœurs ! soyez convaincus que demain quand la France sera de nouveau entre les mains d'un monarque ou d'un César, soyez convaincus, disons nous, que ces irritantes questions de chapelles ne donneront pas même lieu à de simples escarmouches.

On aura des réformes plus utiles à faire, d'autres chiens à fouetter.

Et ceci nous amène à dire quelques mots sur la meilleure forme de gouvernement !

La meilleure forme de gouvernement doit être celle qui est la mieux appropriée aux besoins de l'heure présente. Ce qu'il faudrait pour relever la France aux yeux des autres nations et l'arrêter dans sa marche insensée vers sa décadence morale, politique et financière, ce serait un roi avec une Constituante composée d'un membre par département ou bien encore un responsable issu de l'appel au peuple.

Si c'était la royauté il serait nécessaire qu'elle ne fut pas héréditaire, ce qui semble à prime abord une hérésie et que le roi n'eut pas moins de trente ans. Il serait élu soit par les membres de la Constituante, soit encore par un referendum auquel tous les Français prendraient part.

Mais pour en arriver à ce résultat il faut faire abnégation complète des religions; ne cessons pas de le dire et de le crier bien haut, afin que le pays ne s'égare plus dans des questions stériles qui sont à coup sûr, l'unique empêchement des solutions des problèmes sociaux.

Il est indiscutable qu'il n'est pas possible de continuer à vivre dans le bourbier dans lequel nous pataugeons ; un responsable seul peut faire de la bonne administration et aboutir enfin à la réalisation des retraites ouvrières toujours ajournées, jamais résolues. Alors qu'en Belgique et en Italie, deux pays pourtant monarchiques et moins florissants que la France, des retraites sont allouées aux ouvriers âgés de soixante ans, les nôtres meurent de faim et attendent encore sous l'orme des revendications sous lequel s'abritent les formules creuses des Millerand, les périodes ampoulées des Jaurès.

Tous ces rhéteurs savent fort bien qu'en l'état actuel de notre budget, on ne peut rien, absolument rien faire pour les ouvriers. C'est même pour cela qu'ils ont placé en premières lignes du bréviaire socialiste le péril clérical d'abord, l'internationalisme ensuite ; ils ont exploité l'un et l'autre avec un égal bonheur, fort heureusement que l'ouvrier commence à ouvrir les yeux et voir clair dans le jeu de ces farceurs. Les ouvriers savent fort bien que sous prétexte d'internationalisme, on a facilité l'entrée en France d'une foule d'étrangers qui sont autant d'électeurs pour maintenir les socialistes au pouvoir, mais qui ont remplacé peu à peu la main-d'œuvre française dans les chantiers, comme dans les ateliers.

Tous les humains sont frères, disent-ils; nous le savons aussi bien qu'eux ; la doctrine date de deux mille ans environ, elle n'est pas de leur invention, mais la première, la bonne fraternité commence immédiat tement par ceux qui nous touchent de près, qui vivent de notre vie, qui ont nos habitudes et nos mœurs. La doctrine Saint-Simonienne basée sur l'unité universelle est un beau rêve, mais ce n'est qu'un rêve, car chaque contrée a le climat qui lui est propre, possède une flore spéciale qui lui est particulière; il en est de même de l'humanité. La guerre civile est à l'état permanent chez nous, reculer les limites des frontières ce serait développer le champ de la discorde. A l'origine du monde, l'homme se battit avec les ours des cavernes, il les abandonna le jour où il rencontra son semblable.

Aussi sont-ils mal venus, ces socialistes qui nous parlent sans cesse de la paix, alors que leurs doctrines comme leurs actes tendent à faire une guerre d'apaches à ceux qui ne pensent pas comme eux.

En conséquence, que toutes les personnes de bonne volonté se liguent pour se mettre en travers de pareilles théories ; puisque la République parlementaire n'a produit qu'un résultat désastreux, qu'on la démolisse. Il y a mieux assurément et ce mieux ne pourra se trouver que dans un seul responsable.

Et comme conclusion, il faut absolument que le Grand Parti Conservateur se réorganise, il faut qu'il se reforme avec les différentes fractions de l'opposition; au bloc de gauche, il faut opposer le bloc de tous les honnêtes gens, mais surtout, pas de guerres de religion.

Battons-nous pour la liberté, rien que pour la liberté et le prix de la lutte sera la paix dont nous avons tant besoin.

15 Mars 1901

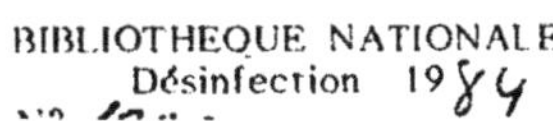

www.ingramcontent.com/pod-product-compliance
Ingram Content Group UK Ltd.
Pitfield, Milton Keynes, MK11 3LW, UK
UKHW021022220726
13924UKWH00001B/128

9 782019 940706